# SUPERTATUAGGI DINOSAURI

EDIBIMBI

# DIVENTA UN TATUATORE!

Questo libro contiene più di 100 fantastici tatuaggi sui dinosauri e sul loro mondo.

Come forma di body art, questi tatuaggi temporanei durano diversi giorni. Il libro presenta anche delle idee su come usarli in maniera alternativa. Troverai poi pagine da colorare, curiosità sui dinosauri e un quiz.

I tatuaggi appaiono come per magia!

# COME APPLICARLI

1

Scegli un'immagine e ritagliala.
Rimuovi la pellicola protettiva.

2

Posiziona il tatuaggio a faccia in giù sulla pelle.

3

Bagna la carta con dell'acqua tiepida usando una spugna o una salvietta.

4

Esercita una leggera pressione sulla carta per 20-30 secondi.

5

Rimuovi la carta e fai asciugare il tatuaggio.

**Per sicurezza, non applicare i tatuaggi sul viso o sul collo.**

## COME RIMUOVERLI

Tampona il tatuaggio con dell'olio per bambini.

Aspetta 10 secondi, poi strofina delicatamente e ripeti fino alla rimozione.

Il tatuaggio scomparirà spontaneamente dopo qualche giorno.

# IMPARA A DISEGNARE

Tenendo salda la matita, completa la sagoma del dinosauro unendo i puntini dall'1 al 20.

**Suggerimento per disegnare**

Prova a formare una linea continua per ottenere una curva regolare.

**Suggerimento per creare tatuaggi**

Le forme più semplici sono le migliori, senza troppi dettagli.

Vuoi imparare a disegnare come un tatuatore? Esercitati a disegnare delle figure usando questa sagoma di Plesiosauro, poi colorala.

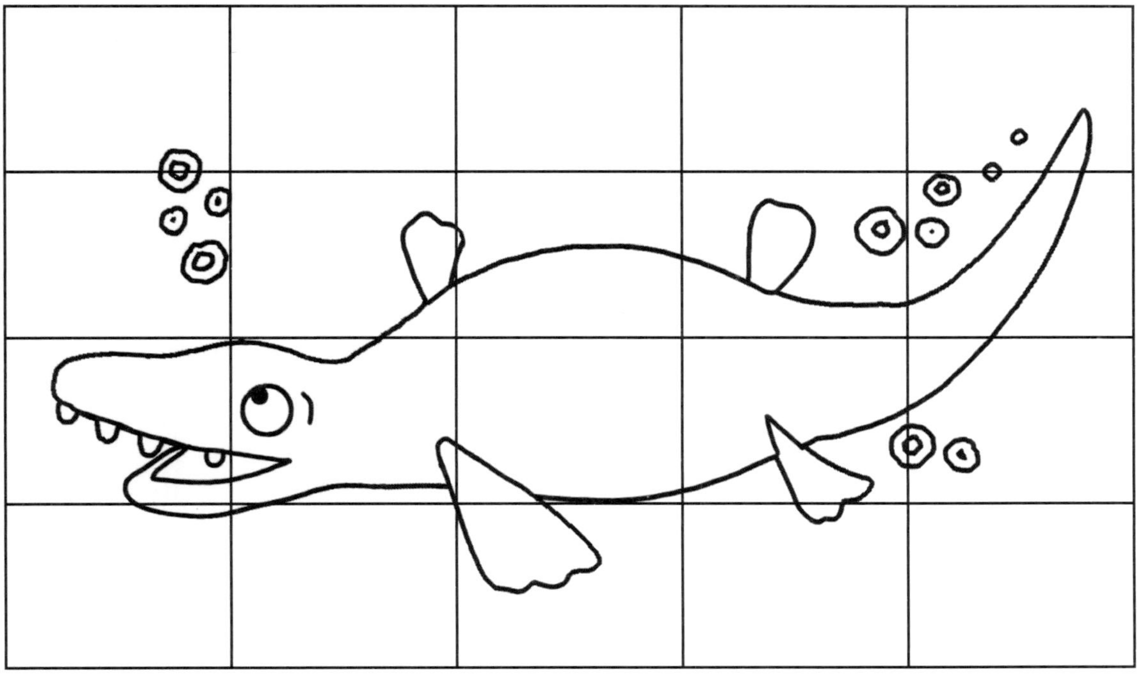

Ricopia la sagoma nella griglia qui sotto, lavorando a un riquadro alla volta e seguendo le linee con precisione per ricreare

# CREA I TUOI DISEGNI

Decora la figura con i tuoi tatuaggi personali. Attieniti al tema dei dinosauri o inventa qualcosa di totalmente diverso!

Traccia la sagoma delle immagini con una penna nera e poi colorale. È così che fanno i veri tatuatori!

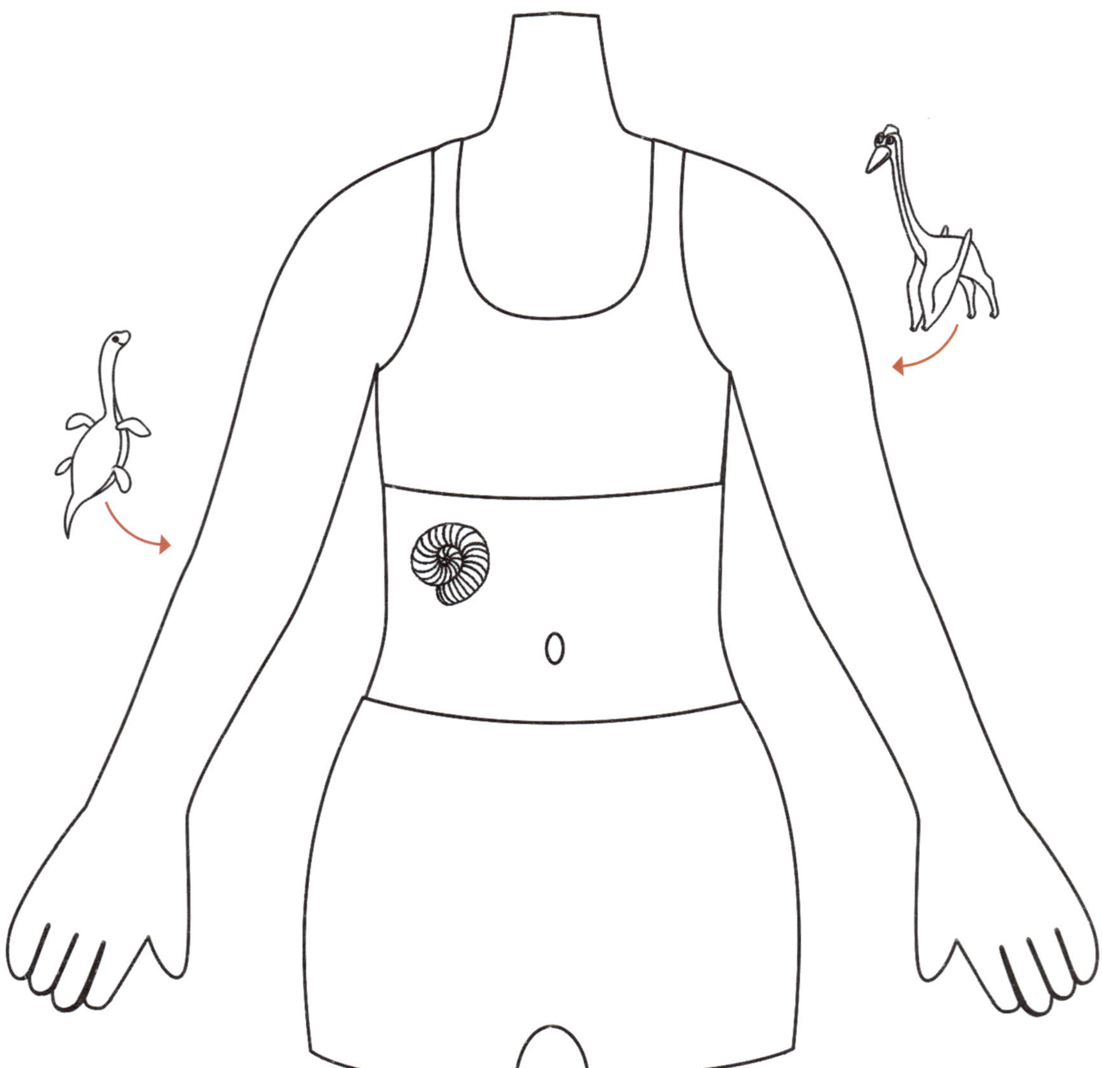

Colorami!

# CREA I TUOI DISEGNI

Decora la figura con i tuoi tatuaggi personali. Attieniti al tema dei dinosauri o inventa qualcosa di totalmente diverso!

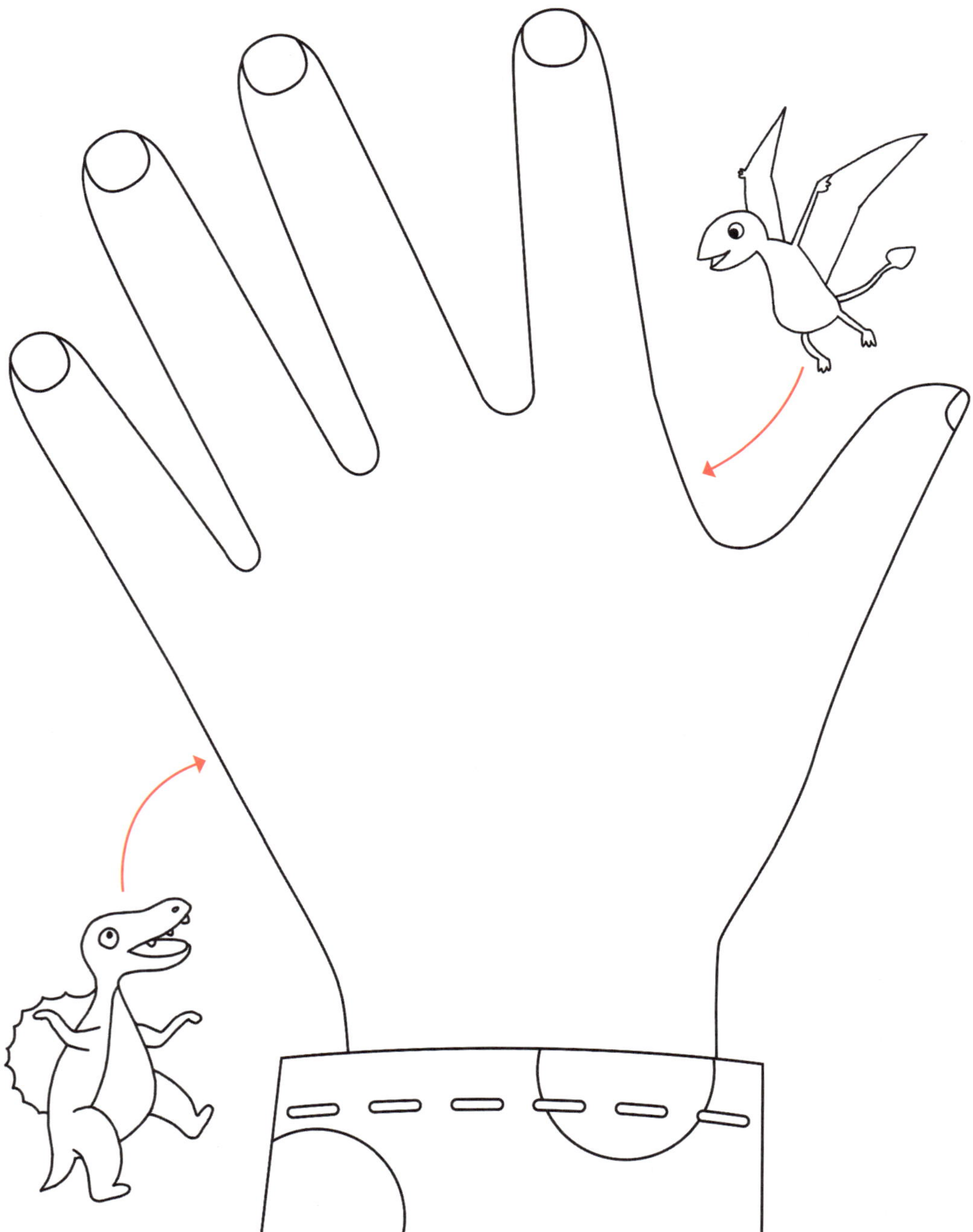

Colorami!

# CREA I TUOI DISEGNI

Decora anche queste gambe con i tuoi tatuaggi personali. Attieniti al tema dei dinosauri o inventa qualcosa di totalmente diverso!

Come prima, traccia la sagoma delle immagini con una penna nera e poi colorale.

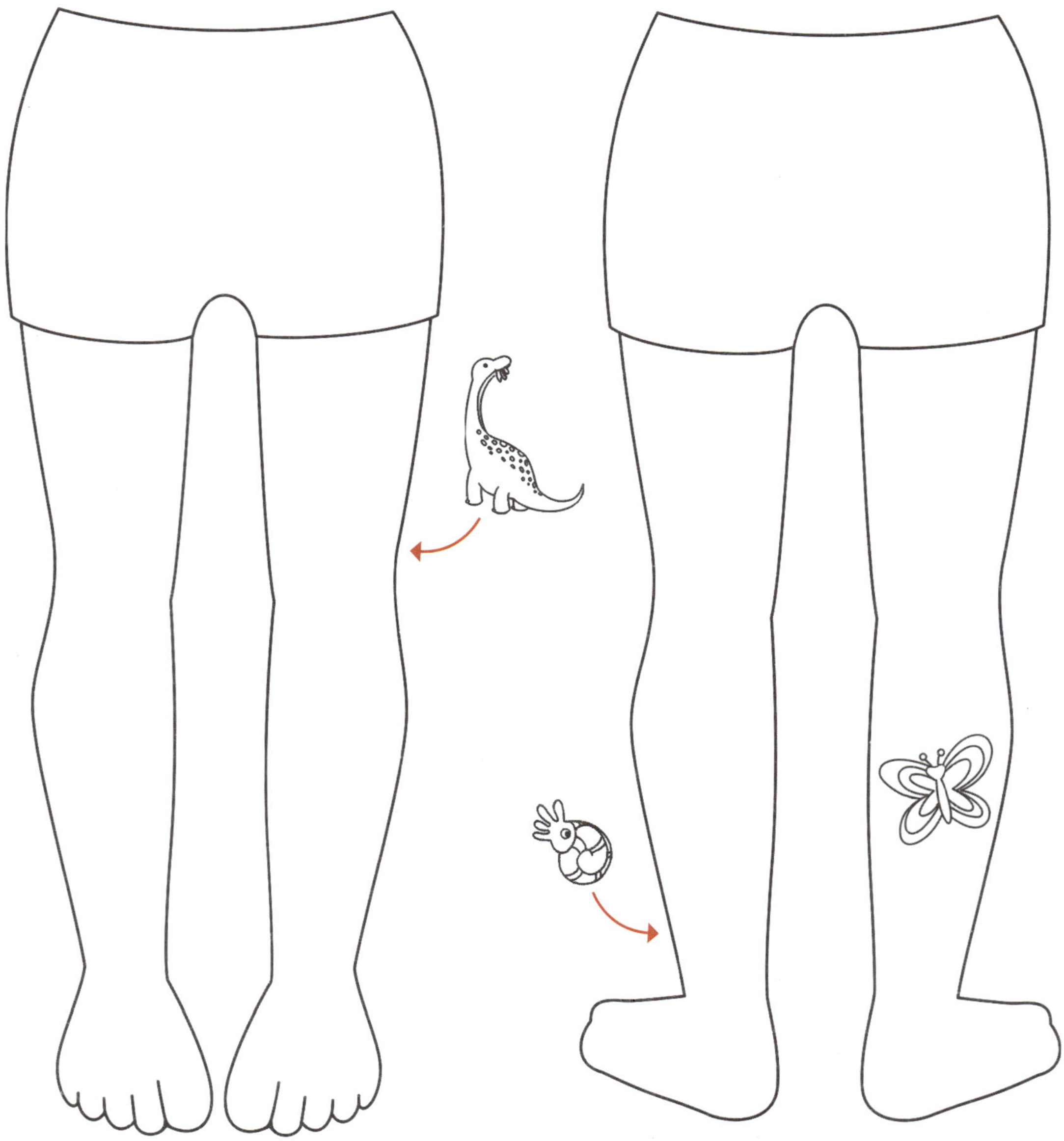

Colorami!

# CREA I TUOI DISEGNI

Decora anche queste gambe con i tuoi tatuaggi personali. Attieniti al tema dei dinosauri o inventa qualcosa di totalmente diverso!

Colorami!

# ALTRE IDEE

Esistono molti modi creativi per usare i tatuaggi, oltre che sulla pelle. L'unico limite è la tua immaginazione!

Puoi usarli per creare un album di ritagli o per illustrare un progetto relativo alla vita sulla Terra prima dell'uomo. Oppure basta usarli come adesivi e attaccarli sulla copertina di un quaderno o di un diario.

E se li usassi per dare un tocco di colore agli eventi più speciali dell'anno? Pensa a come starebbero bene sulle tue uova di Pasqua, sulle zucche di Halloween o, ancora, se li trasformassi in colorate decorazioni natalizie!

Ravviva le superfici spoglie delle porte, degli specchi o delle finestre con uno o due tatuaggi a tema dinosauro. Oppure attaccali su vasi e piante!

Colorami!

# LA STORIA DEI DINOSAURI

I dinosauri sono rettili preistorici. La parola "preistorico" ci fa capire che sono vissuti molto tempo fa: i primi dinosauri apparvero circa 245 milioni di anni fa, cioè molti milioni di anni prima che si evolvessero i mammiferi, compreso l'uomo.

I dinosauri vissero sulla Terra per oltre 175 milioni di anni. Sappiamo che alcuni erano molto grandi, mentre altri erano piccoli e meno spaventosi. Non tutti erano carnivori: gli scienziati ritengono che più dei due terzi fossero erbivori e cioè si cibassero solo di piante. Il Triceratopo è uno dei dinosauri più noti, facilmente riconoscibile per le sue tre corna e per il ventaglio osseo intorno al cranio. Oltre alle corna, all'interno della bocca a forma di becco sembra avesse fino a 800 denti che gli servivano per sminuzzare i materiali vegetali più duri!

L'Argentinosauro fu probabilmente l'animale più grande mai esistito sulla Terra. Aveva il collo lunghissimo che gli permetteva di raggiungere la cima degli alberi quando si alzava sulle zampe posteriori per nutrirsi. Il Diplodoco, un altro erbivoro, aveva il collo così lungo da non riuscire a tenere la testa molto sollevata da terra.

Il Tyrannosaurus rex, o T-rex, pur non essendo il più grande tra i dinosauri, era uno dei carnivori più grossi e feroci, e probabilmente dava la caccia ad altri dinosauri. I Velociraptor erano cacciatori piccoli ma veloci, dotati di lunghi artigli per lacerare la carne.

Quando i dinosauri vagavano sulla Terra, era tutto molto diverso dal mondo in cui viviamo ora. C'era un unico territorio, ma pian piano dei forti terremoti e delle potenti eruzioni vulcaniche divisero la superficie in aree più piccole, riconducibili ai nostri continenti. Tuttavia, non esistevano regioni coperte di ghiaccio al Polo Nord e al Polo Sud. Al contrario, gran parte della superficie terrestre era desertica e il clima era caldo e arido.

I dinosauri riuscirono a sopravvivere così a lungo perché il clima era molto più adatto ai rettili e questo spiega perché abitarono la Terra prima dei mammiferi. La pelle dei rettili è tipicamente coriacea o squamosa, il che significa che i dinosauri, così come gli altri rettili, traspiravano poca acqua. Questa robusta protezione spiega perché oggi lucertole, coccodrilli e serpenti sono in grado di vivere in regioni calde e aride.

A poco a poco, quando le temperature nel mondo dei dinosauri iniziarono ad abbassarsi, la vegetazione cambiò e la superficie terrestre si ricoprì sempre più di alberi. Grandi branchi di dinosauri erbivori riuscirono a proliferare. Alcuni alberi che esistono ancora oggi, come le sequoie giganti del Nord America, facevano parte della dieta dei dinosauri!

Con l'allontanamento delle placche, i solchi tra di esse si riempirono d'acqua e i rettili giganti, come gli Ittiosauri e i Plesiosauri, si evolsero per vivere in mare e nell'oceano. Altri, chiamati Pterosauri, iniziarono a volare in cielo. I primi rettili alati avevano ali coriacee, ma circa 180 milioni di anni fa alcuni piccoli dinosauri terrestri svilupparono piume colorate e divennero i primi antenati degli uccelli.

# LA STORIA DEI DINOSAURI

Durante il lungo periodo in cui i dinosauri vissero sulla Terra, iniziarono a comparire anche altre forme di vita. Dopo le felci, le palme e le conifere che ricoprivano gran parte della superficie terrestre, arrivarono le piante da fiore e gli insetti, come api e vespe, necessari per impollinare i fiori. Le libellule preistoriche furono il più grande insetto mai esistito sulla Terra! In seguito, anche i primi mammiferi, delle dimensioni di un toporagno, entrarono a far parte del mondo dei dinosauri.

Anche se gli uccelli moderni sono gli antenati viventi dei dinosauri, nessuno è mai riuscito a vedere un vero dinosauro: si sono estinti molto prima che gli esseri umani abitassero la Terra. Sappiamo così tanto su di loro e sul loro mondo solo grazie allo studio dei fossili, ovvero i resti di antiche specie di animali, piante e altre forme di vita conservati nella roccia.

Gran parte delle testimonianze dei dinosauri è costituita dalle loro impronte, lasciate su quelle che un tempo erano le rive sabbiose o fangose di fiumi e laghi, mentre vagavano sulla Terra in cerca di cibo e acqua. Ma nel corso del tempo, i fiumi trasportano grandi quantità di sedimenti (rocce, minerali e piante) nel loro percorso verso il mare, sufficienti persino a seppellire i resti di un dinosauro magari morto per cause naturali, annegato in un'alluvione improvvisa, o sepolto da una colata di fango o dalle ceneri di un vulcano in eruzione. Una volta seppellito, il corpo era protetto dai saprofagi.

Gli strati che contenevano queste impronte o resti si sono poi induriti fino a diventare roccia solida sotto il peso di molti altri strati di sedimenti depositati nel corso dei secoli. Le parti dure, come ossa o conchiglie, sono conservate nella roccia e possono essere scoperte dall'uomo, per caso o nell'ambito di una ricerca. Immaginati di trovare l'impronta di un dinosauro!

Durante i 175 milioni di anni di vita dei dinosauri, questi si sono evoluti, o adattati, a causa delle diverse condizioni della Terra. Le specie non adatte al nuovo ambiente si sono estinte e altre hanno preso il loro posto. Ma circa 66 milioni di anni fa, i dinosauri scomparvero completamente, e questo lo sappiamo grazie alla documentazione fossile. Anche molti altri animali si estinsero, ma non gli uccelli. Gli scienziati ritengono che ciò sia stato causato da una catastrofe improvvisa e inaspettata, e la maggior parte pensa che la Terra sia stata colpita da un asteroide proveniente dallo spazio! Esistono persino prove del luogo in cui l'asteroide sarebbe precipitato: un enorme cratere al largo della costa del Messico indica un diametro di circa 10 chilometri. L'impatto di questa collisione causò un cambiamento totale del clima a causa di eruzioni vulcaniche su larga scala. Le ceneri e le polveri prodotte dalle eruzioni potrebbero aver impedito alla luce e al calore del Sole di raggiungere la Terra, abbassandone la temperatura.

Qualunque fine abbiano fatto i dinosauri, scoprire come vivevano è molto importante per gli scienziati. I fossili indicano che aree del mondo che oggi sono coperte da foreste o praterie un tempo erano desertiche o addirittura sommerse dal mare. Prova a scoprire di più sul luogo in cui vivi e verifica se un tempo i dinosauri abitavano la tua zona!

# ALLA RICERCA DI...

## CERCHIA QUESTI ELEMENTI

4x 

5x 

3x 

2x 

3x 

4x 

# IL LABIRINTO DEI DINOSAURI

Risolvi il labirinto e, come ricompensa, usa i relativi tatuaggi!

# CURIOSITÀ SUI DINOSAURI

Cosa sai già sui dinosauri e sul loro mondo?

Ecco alcune curiosità affascinanti! Leggi con attenzione: ti aspetta un quiz alla fine del libro.

Il possente T-rex era un carnivoro e aveva il morso più potente di qualsiasi altro animale terrestre mai esistito! Non c'è da stupirsi se il suo nome significa "re delle lucertole tiranne"!

I dinosauri si sono estinti molto tempo fa, ma molti membri della stessa famiglia, i rettili, sono sopravvissuti a loro. Infatti, coccodrilli, tartarughe e serpenti hanno più o meno lo stesso aspetto dei dinosauri!

Tutti gli uccelli discendono da un gruppo di dinosauri, tra cui il T-rex e il Velociraptor, che era grande come un tacchino.

I dinosauri vivevano sulla Terra in un'epoca nota come Era mesozoica, ovvero "L'era dei dinosauri". Questa era si divide in tre periodi: il Triassico, il Giurassico e il Cretaceo, durante i quali sono esistiti diversi dinosauri, alcuni giganti, altri piccoli.

Il Triceratopo era erbivoro e usava il cranio enorme e i tre corni per difendersi dai predatori.

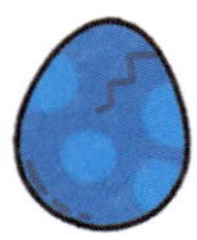

I dinosauri si sono estinti circa 66 milioni di anni fa. Vivevano in ogni parte del mondo, alcuni piccoli come un cane domestico, altri tra le creature più grandi della Terra.

Gli animali che mangiano solo piante sono chiamati "erbivori" e quelli che mangiano solo carne, "carnivori". La parola che descrive gli animali che si nutrono sia di piante sia di carne è "onnivori".

# QUIZ SUI DINOSAURI

Ti ricordi le curiosità che hai letto prima?
Verifichiamo le tue conoscenze sui dinosauri!

**1** Quante corna avevano i Triceratopi?

- [ ] cinque
- [ ] tre

**2** Quanto tempo fa si sono estinti i dinosauri?

- [ ] 66 milioni di anni fa
- [ ] 666 milioni di anni fa

**3** Un dinosauro che mangia solo piante si chiama...

- [ ] carnivoro
- [ ] erbivoro

**4** Quale di questi animali è un esempio, come i dinosauri, di rettile?

- [ ] la lucertola
- [ ] la lumaca

**5** Di che dimensioni erano i Velociraptor?

- [ ] grandi
- [ ] piccole

Risposte 1. tre 2. 66 milioni di anni fa 3. erbivoro 4. la lucertola 5. piccole